BEI GRIN MACHT SICH IHR
WISSEN BEZAHLT

Bibliografische Information der Deutschen Nationalbibliothek:

Die Deutsche Bibliothek verzeichnet diese Publikation in der Deutschen National-
bibliografie; detaillierte bibliografische Daten sind im Internet über http://dnb.d-
nb.de/ abrufbar.

Impressum:

Copyright © 2016 GRIN Verlag, Open Publishing GmbH
Druck und Bindung: Books on Demand GmbH, Norderstedt Germany
ISBN: 978-3-668-17675-1

Dieses Buch bei GRIN:

http://www.grin.com/de/e-book/318089/die-welt-im-schatten-des-ost-west-konfliktes-
die-ereignisse-und-geschehnisse

Mike G.

Die Welt im Schatten des Ost-West Konfliktes. Die Ereignisse und Geschehnisse des Kalten Krieges

Ein Überblick in Stichpunkten

GRIN Verlag

GRIN - Your knowledge has value

Der GRIN Verlag publiziert seit 1998 wissenschaftliche Arbeiten von Studenten, Hochschullehrern und anderen Akademikern als eBook und gedrucktes Buch. Die Verlagswebsite www.grin.com ist die ideale Plattform zur Veröffentlichung von Hausarbeiten, Abschlussarbeiten, wissenschaftlichen Aufsätzen, Dissertationen und Fachbüchern.

Besuchen Sie uns im Internet:

http://www.grin.com/

http://www.facebook.com/grincom

http://www.twitter.com/grin_com

Die Nachkriegswelt im Schatten des Kalten Krieges[1]

Vorwort

Der Kalte Krieg hat die Welt nach dem Zweiten Weltkrieg mehr als 40 Jahre lang in Angst und Schrecken gehalten. In dieser Zeit wurden zahlreiche Provokationen ausgestoßen, die Rüstungsanstrengungen verstärkt, Kriege in weit entfernten Ländern geführt und die Bevölkerung dabei (beinahe) völlig vernachlässigt. Die folgende Arbeit befasst sich mit der Entstehung des Kalten Krieges, den wichtigen Ereignissen und Begebenheiten sowie mit einer abschließenden Analyse der geschichtswissenschaftlichen Meinungen und Ansichten über den sogenannten Ost-West – Konflikt. Diese Arbeit entstand im Zuge des Geschichte Leistungskurses eines Gymnasiums und enthält einige Fotos und zahlreiche Karikaturen über den Kalten Krieg, welche die gesammelten Informationen unterstützen und ein besseres Verständnis der Materie fördern. Für eben diesen Grund wurden weiterhin zeitgenössische Reden, TV-Ansprachen o.ä., was allgemeinhin als „Quelle" bezeichnet wird, zusammengefasst und gelb hinterlegt.

- **1941 Atlantik Charta.**

Verzicht auf territoriale Expansion.	Wirtschaftliche Gleichberechtigung.	Unabhängigkeit der Staaten garantiert.
=> „**One-World – Prinzip**"	=> „**Open-Door - Policy**"	Selbstbestimmungsrecht der Völker.

=> **UN** (Vereinte Nationen) als Ausdruck dieser Prinzipien entstanden.

- **1944 – 1949 1. Phase des Kalten Krieges: Entstehung des Konfliktes.**

Konflikt der Ideologien		
Fand bereits **1917** mit Oktoberrevolution statt.	„**Anti-Hitler – Koalition**" zerbricht nach Krieg und rückt Systemgegensätze in Vordergrund.	Ausbau der eigenen Vormacht-stellung gewünscht.
Ursache des Konflikts u.a. **deutsche Frage.**	Machtpolitisches Treiben der anderen Großmacht mit Misstrauen verfolgt.	=> Schürt neues Misstrauen.

- *Ost-West – Konflikt* teilt Welt in zwei Machtblöcke.
- In politischer, militärischer, ideologischer, gesellschaftlicher, kultureller und ökologischer Hinsicht.
- *Ost-West – Konflikt* beeinflusste (indirekt) alle Bereiche des Lebens.
- Selbst Personen und Staaten, die sich Bewegung der „Blockfreien Staaten" anschlossen.

Mitte 1944 „Lubliner Komitee" in Polen von UdSSR als Regierung eingesetzt, gegen Protest der Westmächte.	Stalin weigert sich Gebiete vom Hitler-Stalin – Pakt abzutreten.
	4. - 12. Februar 1945 Konferenz von Jalta. USA und UdSSR wollen Deutschland in 5 Teile aufspalten für dauerhafte Schwächung.
1944 Bretton Woods Konferenz. Freihandel und Dollar als internationales Zahlungsmittel von UdSSR als Versuch	5 D's beschlossen, aber von Besatzern unterschiedlich umgesetzt.

---

1 Bildquelle:http://www.alvaradohistory.com/yahoo_site_admin/assets/docs/Chapter_26_and_27_cold_war_cartoons.
   9090806.pdf, S. 11; aufgerufen am 8. März 2016

kapitalistischer Unterdrückung Amerikas angesehen.

- Aus Sieg erwuchs moralischer und machtpolitischer Anspruch auf führende Rolle in Weltpolitik von USA und UdSSR.
  => Anspruch beruhte auf unterschiedlichen Ideologien und Zielvorstellungen, darum Konflikt schon vorprogrammiert.

Situation nach Kriegsende in Amerika	Situation nach Kriegsende in Sowjetunion
Gestärkte Wirtschaft, kaum Verluste, keine Kampfhandlungen auf amerikanischem Boden, Truppenstationen in Europa, Pazifik, Südostasien; Besitz der Atombombe.	Zerstörung vieler Städte, Dörfer, Infrastruktur, Produktionsanlagen, hohe Verluste mit 20 Millionen Todesopfern.
=> USA waren bedeutendste Volkswirtschaft mit stärkster Machtposition.	=> UdSSR musste bei weitem höchsten Blutzoll leisten.

Absichten der USA	Absichten der Sowjetunion
Atlantik Charta (1941) durchsetzen, Schaffen neuer Absatzmärkte, Demokratisierung, Einflussnahme durch Wirtschaft, Entnazifizierung.	Marxismus-Leninismus prägt Gedankengänge. Faschismus vernichten, dadurch Kommunismus stärken, Sicherheitsbedürfnis erwächst, *„Bruderstaaten"* bilden *„Sicherheitsgürtel"* um *„Schutzmacht"* UdSSR.

- „Sowjetisierung" bezeichnet Umwandlung aller Staaten im sowjetischen Machtbereich in „Volksdemokratien".
- Ideologisch und machtpolitisch begründet, „**Bruderstaaten**" stark von Schutzmacht UdSSR abhängig.
- Demokratie bedeutet kommunistische Partei an führende Stelle zu bringen und kommunistische Staats- und Gesellschaftsordnung zu etablieren.
- **17. Juli – 2. August 1945 Potsdamer Konferenz.**
- Siegermächte beenden Kriegspolitik, müssen Welt neu ordnen, Misstrauen zw. UdSSR und USA wird deutlich. Zentrale Beschlüsse über Umgang mit Deutschland getroffen.
  - **Rat der Außenminister** arbeitet Friedensvertrag aus, der über territoriale und staatliche Zukunft Deutschlands entscheidet.
  - **Regierungsgewalt** liegt beim Oberbefehlshaber der Besatzungszone, darum territoriale Unterschiede.
  => Besatzungszone wird zentrale politische Einheit, Wiederaufbau und Verwaltung in Händen der Siegermächte.
- Alle Fragen, die Deutschland betreffen werden einstimmig vom **Kontrollrat** beschlossen.
  - Siegermächte bereichern sich als **Reparation** aus jeweiliger Besatzungszone durch Demontage von Industrieanlagen, UdSSR bekommt zusätzlich Geld aus den anderen Besatzungszonen.
  - **Westgrenze Polens** vorläufig auf **Druck der Roten Armee** beschlossen.

> **Wichtig!**
> **Containment-Politik.**
> Amerika wollte den Einfluss der UdSSR möglichst gering halten und Ausbreitung verhindern.

- 15 Millionen Flüchtlinge mussten in deutsche Gesellschaft und Ordnung integriert werden.
- Vor Roter Armee, polnischen oder tschechischen Verbänden geflohen.
- Nach <u>Artikel 3 des Potsdamer Abkommens</u> wurden "**Vertriebene**" (Westliche Besatzungszone) oder "**Umgesiedelte**" (Sowjetische Besatzungszone) aus Polen, Tschechien oder Ungarn vertrieben.
  - Sollten laut Abkommen ordnungsgemäß überführt werden, jedoch in Realität hastig gezwungen.

2

- **24. Oktober 1945 UN Charta tritt in Kraft.**
- Zentrales Gremium wurde Sicherheitsrat mit 5 „ständigen Mitgliedern" (China, USA, UdSSR, UK und Frankreich), die **Vetorecht** erhielten.
- **1. Januar 1947 Bizone entsteht.**
- Durch Ost-West - Konflikt wurde Bizone zum Staat ausgebaut, Verwaltungs- und politische Organe in Frankfurt zusammengefasst.
- **12. März 1947 Truman Doktrin.**
- Sicherte allen kommunistisch bedrohten Ländern finanzielle Unterstützung und Hilfe zu, weil UdSSR Truppen aus Türkei nicht abziehen will und griechischen Bürgerkrieg unterstützt.
- **12. März 1947 Trumans Rede vor dem Kongress (Truman – Doktrin) (246/M1).**
- Ernst der Lage macht das Thema der Rede notwendig.
- Griechischer Staat wird in Grundlagen seiner Existenz bedroht.
- Von Kommunisten bewaffnete Männer verbreiten Terror und untergraben die Autorität der Regierung.
  => Griechenland hat die USA um wirtschaftliche und finanzielle Unterstützung gebeten.
- Zukunft der Türkei sei ebenso wichtig für die freiheitsliebenden Völker der Welt wie die Zukunft Griechenlands.
- Ist sich der Folgen einer finanziellen und wirtschaftlichen Unterstützung Griechenlands und der Türkei bewusst.
- Das erste außenpolitische Ziel der USA sei es, Leben ohne Zwänge oder Furcht zu ermöglichen.
- Diese Einstellung prägte auch das Vorgehen Amerikas im Zweiten Weltkrieg.
  => Deshalb hat die die USA an der Gründung der UN beteiligt.
- UN könne aber keinen Frieden schaffen, wenn nicht andere, freiheitsliebende Völker und Einrichtungen vor aggressiven Bewegungen, welche ihnen von totalitären Regimen aufgezwungen werden, beschützt werden.
- Steht offen zu der Ansicht, dass totalitäre Regime den Weltfrieden und die Sicherheit der USA gefährden.
- Amerika hat offen gegen den Bruch des Jalta Abkommens in Polen, Rumänien und Bulgarien protestiert.
  => In dieser Zeit muss beinahe jede Nation die Wahl der Lebensweise treffen, welche nicht immer freiwillig erfolgt.
- Lebensweise der USA gründet sich auf Freiheit (der Meinung, Religion, Versammlung, Gewissen, der individuellen und der Freiheit vor Unterdrückung).
  => Gegründet auf dem Willen der Mehrheit der Menschen.
- Lebensweise der UdSSR zeichnet sich durch Unterdrückung (persönliche und politische Freiheit), Zensur (Presse und Medien) sowie Terror aus.
  => Wille einer Minderheit, welcher der Mehrheit aufgezwungen wurde.
- Politik der USA soll freien Völkern helfen ihr Schicksal selbst in die Hand zu nehmen.
- Unterstützung in Form von wirtschaftlicher und finanzieller Hilfe gewährleisten, wodurch wirtschaftliche Stabilität und eine geordnete Politik entstehen wird.
  → Rät nur dazu, da eine Alternative viel schlimmer wäre.
- Obwohl der Zweite Weltkrieg ca. 341Mrd Dollar kostete, lohnte es sich und wird als Investition in den Frieden und die Freiheit angesehen.
- Hilfen an Griechenland und der Türkei sind lächerlich gering für Amerika im Vergleich zu den hohen Ausgaben des Zweiten Weltkrieges.
  => Nur so wären die 341Mrd. Dollar nicht umsonst ausgegeben worden.
- Totalitäre Regime sorgen für Elend, Mangel, Armut und Gewalt.
- Diese gewinnen an Macht, wenn die Hoffnung auf Besserung im Volk versagt.
  => Freie Völker erwarten von Amerika die Freiheiten und den Weltfrieden zu unterstützen.
- Ein Zögern der USA wird dem Frieden der Welt und die Wohlfahrt Amerikas nachhaltig

gefährden.
- Die Geschwindigkeit der Ereignisse hat den USA eine große Verantwortung und Aufgabe auferlegt.
- **5. Juni 1947 Marshallplan.**
- Gewährung von Zugeständnissen, Krediten, Lieferungen von Rohstoffen und Fertigwaren an Europa sollten Weltwirtschaft aufschwingen lassen und Demokratisierung ermöglichen, denn im Gegenzug westliche Marktwirtschaft aufbauen und stabile Währung besitzen.
  → Gesamte Leistungsfähigkeit amerikanischer Wirtschaft zum Kampf gegen Kommunismus eingesetzt.
  => Wende in US – Politik.
  - UdSSR nimmt Angebot nicht an, Forderung nach stabiler Währung war erhebliches Hindernis.
- **5. Juni 1947 Rede über den Grundgedanken des Marshall-Planes (247/M2).**
- Man hat bei den Finanzhilfen durchaus die menschlichen Verluste (an Arbeitskräften) und sichtbare Zerstörungen (Städte, Fabriken, Infrastruktur) miteinkalkuliert.
- Aber nicht, dass die europäische Völkergemeinschaft zerstört ist.
- Kriegsanstrengungen führen dazu, dass die „friedlichen" Maschinen verfielen und das nationale Vertrauen in die Währung verfiel.
  => Der Krieg hat das europäische Geschäftsleben zusammenbrechen lassen.
- Nur elementare Hilfen wie Nahrungsmittel und andere existentiellen Gütern wird nicht ausreichen um den äußerst ernsten wirtschaftlichen, sozialen und politischen Verfall zu verhindern.
- Deutschland mit Nahrungsmitteln am Leben zu erhalten, verursacht letztlich nur Kosten, keine langfristigen Gewinne.
  => Man muss das Vertrauen der Europäer in die wirtschaftliche Zukunft Europas wieder wecken.
- Dazu wird eine stabile Währung dringend benötigt.
- Abgesehen von den Hoffnungen, welche Vorhaben in der gesamten Welt wecken und abgesehen von den Ängsten, dass sich Europa zu einem einzigen, riesigen Krisenherd entwickeln wird, wird ein wirtschaftlicher Aufschwung Europas letztendlich der amerikanischen Wirtschaft förderlich sein.
- Ohne eine stabile Wirtschaft gibt es keine gesunde, staatliche Politik.
- Ziel der US amerikanischen Politik ist die Bekämpfung von Hunger, Armut, Elend und Chaos um die sozialen und politischen Bedürfnisse stillen zu können, wodurch die Völker wahrhaftig frei sein können.
- Länder, welche beim Wiederaufbau helfen, werden unterstützt; Länder, welche jenen Aufbau hemmen, nicht.
- Amerika wendet sich gegen Regierungen, politische Organisationen und Gruppierungen, welche das menschliche Elend zum Dauerzustand machen wollen.
- Hilfen werden erst versendet, wenn europäische Regierungen Sanierungspläne aufgestellt haben, da diese besser wissen was zu tun ist als die ausländischen USA.
- Aufgabe Amerikas ist Unterstützung beim Aufstellen der Sanierungspläne, soweit es für die USA selbst praktisch ist.
  => Wenn auch nicht alle europäischen Regierungen Hilfe wollen, so sollen es doch viele sein.
- Hilfe kann nur gelingen, wenn amerikanische Bevölkerung das Problem und die Hilfsmittel versteht.
  - Schwierigkeiten werden nur genommen, wenn das amerikanische Volk den Willen und die Voraussicht aufweist, die von der eigenen Geschichte auferlegte Verantwortung auch zu tragen.
- Durch radikalen Kurswechsel USA stimmte Stalin in Öffentlichkeit Wiederaufbau eines einheitlichen deutschen Staates zu.

- Hoffte dadurch Reparationsforderungen durchsetzen zu können und Zustimmung deutscher Bevölkerung zu erlangen.
- Da Westmächte keinen Kompromiss eingehen wollten, gliedert Stalin seine Besatzungszone in die **osteuropäische Pufferzone** ein.
- **Truman Doktrin** und **Marshallplan** bestätigen sowjetische Meinung, USA wolle durch militärische Macht und ökonomische Vorherrschaft andere Staaten in Abhängigkeit bringen.
- Marshallplan bedeutete – laut UdSSR – Unterordnung der Staaten in amerikanischen handels- und wirtschaftspolitischen Vorstellungen.
- UdSSR verbot ihren Staaten Annahme und begann mit **Abschottung und Abkapselung.**
- **September 1947 Kominform** (Informationsbüro der kommunistischen Parteien und Arbeiterparteien) von UdSSR gegründet.
- Zusammenschluss aller kommunistischen Parteien als Zeichen der Abschottung gegenüber Marshallplan.
- **1. Oktober 1947 Shdanovs Rede auf der Gründungsversammlung der Kominform (248/M3).**
  - *Lenin gründete die „Kommunistische Internationale" um die kommunistischen Parteien verschiedener Länder zusammenzuschließen.*
  - *Unter Stalin wandelte sich die Komintern zum außenpolitischen Machtinstrument der UdSSR.*
  - *März 1943 als Zugeständnis an die Westmächte wird die Komintern aufgelöst.*
- Der Krieg hat das politische Weltbild grundlegend verändert, da die politischen Kräfte neu verteilt wurden.
- Die internationale Nachkriegspolitik wurde in zwei Lager aufgeteilt.
- USA ist führende Hauptkraft des imperialistischen, antidemokratischen Lagers.
  - Möchte den Imperialismus festigen, einen Krieg verbreiten, den Sozialismus bekämpfen, die Demokratie beenden und faschistische Regime wie auch Bewegungen unterstützen.
- UdSSR und anderen Länder der neuen Demokratie bilden das anitimperialistische, antifaschistische, demokratische Lager.
  - Stützt sich auf die Arbeiter und die kommunistischen Bruderparteien, auf nationale Befreiungsbewegungen in den Kolonien oder anderen abhängigen Ländern sowie auf die progressiven, demokratischen Kräften, welche in jedem Land vorhanden sind.
  - Ziel ist es die imperiale Expansion, neue Krieg und Faschismus zu verhindern sowie Demokratie zu festigen.
- Nach dem Zweiten Weltkrieg haben die freiheitsliebenden Völker die Aufgabe erhalten einen stabilen, demokratischen Frieden zu festigen, welcher den Sieg über der Faschismus rühmen solle.
- **Hauptaufgabe** erhielt die UdSSR, da sie keine Aggressivität und Ausbeutung im Sinn hat, um eine kommunistische Gesellschaft zu etablieren, wofür Freiheit unabdingbar ist.
- Kapitalismus und Kommunismus werden noch lange nebeneinander existieren, weshalb die UdSSR den Kontakt zu Staaten mit anderen Systemen sucht, um die übernommene Verpflichtung auch erfüllen zu können.
- England und Amerika betreiben eine andere Politik in der UNO, um die Völker gegeneinander aufzuhetzen und sich vor ihren Verpflichtungen loszusagen.
- Die Sowjetunion will ein einheitliches, friedliches, demilitarisiertes Deutschland, was eine Voraussetzung für den langen, stabilen Frieden ist.
  - Stalin formulierte deshalb die Sowjetpolitik in Bezug auf Deutschland.
- März - April 1947 Tagung der Außenminister in Moskau zeigte, dass Amerika, England und Frankreich weder der Demilitarisierung noch Demokratisierung Deutschland zustimmen wollten und dieses als Separatlösung der Friedensfrage aufteilen wollen.
- Amerika hat mit der Politik von Roosevelt gebrochen und bereitet einen Krieg vor, welcher durch wirtschaftliche Expansion ergänzt wird.

- USA nutzt Rohstoffmangel und Not Europas aus um Bedingungen für Hilfsleistungen zu diktieren.
  => Angesichts drohender Wirtschaftskrisen suchen die USA neue Monopolsphären.
- US-Wirtschaftshilfe will Europa versklaven und dessen Politik der amerikanischen unterordnen.
- Truman Doktrin und Marshallplan entstammen dergleichen Politik, fordern die Unterwerfung Europas nur auf verschiedenste Wege.
- Truman Doktrin: Unterstützung aller aktiv gegen die Demokratie kämpfenden Regime zeigt die unverhüllte Aggressivität.
- Marshallplan: Entwickelt worden, weil Truman keinen großen Anklang fand.
  - Verfolgt das Ziel einen Block europäischer Staaten zu schaffen, welcher Amerika verpflichtet ist.
  - Amerikanische Kredite sind Lohn für Verzicht der wirtschaftlichen und politischen Selbstständigkeit der europäischen Staaten.
  - Dies geschieht auf Grundlage des Wiederaufbaus von „amerikakontrollierten" Industriebezirken in Westdeutschland.
- Wenn die kommunistischen Parteien zusammenhalten, auf Frieden und Volksdemokratie harren, über nationale Souveränität wachen, sich gegen Versuche der wirtschaftlichen und politischen Versklavung behaupten und wenn man für Ehre sowie nationale Unabhängigkeit einsteht, dann werden die amerikanischen Versklavungspläne für Europa nicht verwirklicht werden.

> **Zentral für Analyse des Konfliktes.**
> - Vermeidung von Schwarzweißmalerei.
> - Politische, ideologische, ökonomische Interessen haben auf beiden Seiten Konflikt angeheizt.
> => Mechanismen der Eskalation / Deeskalation können geprüft werden, um daraus Lehren für Gegenwart und Zukunft zu ziehen.

- **1947** Begriff „**Kalter Krieg**" entstanden, da keine direkte militärische Konfrontation in Aussicht.
  → Begriff ist umstritten.
- **Stellvertreterkriege** (Korea, Vietnam) forderten mehr Opfer als Zweiter Weltkrieg.
- **Atomarer Patt** hat Phase der Stabilität und des Weltfriedens geschaffen.
  - Militärischer Sieg nur gemeinsam mit Selbstzerstörung.
- Auswirkungen des **Kalten Krieges** heute noch spürbar.
- Wirtschaftliche, gesellschaftliche und politische Unterschiede im Osten und Westen.
  => Kalter Krieg kann mögliche Ursachen, Verläufe, Wirkungsmechanismen, Handlungsspielräume und Lösungsmöglichkeiten für heutige und zukünftige weltumspannende Probleme bieten.
- **April 1948** Um Hilfe in Europa koordinieren zu können, wurde die **OEEC** (*Organisation for European Economy Cooperation*) gegründet.
- **1949 – 1962 2. Phase des Kalten Krieges: Eskalation des Konfliktes**
- Eigener Machtbereich wird ausgedehnt um politische Gegner zu destabilisieren.
- „**Containment – Politik**" wendet sich in Amerika zu „**Roll-Back – Politik**"
  - Einfluss der UdSSR nun zurückdrängen, nicht nur aufhalten.
  => Beide Seiten scheuen militärischen Konflikt, lediglich Unterstützung von Regimetreuen im anderen Block und Propaganda.
- **Januar 1949 RGW** (*Rat für gegenseitige Wirtschaftshilfe*) **von UdSSR gegründet.**
- Gegenorganisation zur **OEEC**.
- **April 1949 NATO (North Atlantic Treaty Organisation) gegründet.**
- USA übernahm Sicherheitsgarantie für westeuropäische Staaten.
  → Sowjetischer Bedrohung als Verteidigungsbündnis entgegengesetzt.
- DDR und BRD bleiben 4 Jahrzehnte getrennte politische Einheiten.

→ Ost-West – Konflikt teilte ganz Europa in zwei gegensätzliche Machtblöcke.
- USA und UdSSR haben Entwicklung der Staaten stark beeinflusst, durch Nachahmung oder Abgrenzung.

  ▪ Zeitgenossen nehmen die Nachkriegszeit als äußerst bedrückend wahr.[2]
  ▪ Verschiedene Maßnahmen der eigenen Machtstärkung / -ausweitung verunsichern viele Menschen, welche auf eine länger andauernde Friedensphase hofften.
  => Mit dem Ausbruch des ersten Stellvertreterkrieges in Korea wurden diese Hoffnungen und Erwartungen zu Nichte gemacht.
- **1950 – 1953 Korea Krieg.**
- Westliche Truppen kämpfen gegen Nordkorea, sowjetische Truppen gegen Südkorea.
- Beide Seiten wollen machtpolitischen Einflussbereich ausweiten, aber gezwungen Status quo anzuerkennen → Politik des Status quo.
- **1953 – 1964 Amtszeit Chruschtschows als 1. Sekretär der KPdSU.**
- Behält Hegemonialanspruch der Sowjetunion gegenüber Staaten aus Warschauer Pakt bei.
- Bricht mit Wirtschafts- und Innenpolitik des Stalinismus.
- **17. Juni 1953 Volksaufstand in DDR.**
- Aus Unzufriedenheit erwachsen, ist 10% Steigerung der Arbeitsnormen der Auslöser.
- Arbeit niedergelegt und Protestmarsch gestartet, welchem sich viele Arbeiter (aus anderen Städten) anschlossen.
- Streikkomitees gebildet, aber ohne zentrale Leitung geblieben.
  → Bald auch Wiedervereinigung und freie Wahlen gefordert.
  => Vorläufer zur friedlichen Revolution von 1989
- **Nacht am 17. Juni 1953 Zerschlagung des Aufstandes.**
- Sowjetische Panzer rücken an, zerstreuen Aufständische und sorgen für „Ordnung".
- In BRD wurde Tag zum *„Tag der nationalen Einheit"* erklärt und Ereignisse als brutale Unterdrückung der Deutschen in DDR gewertet.
- In DDR stellte man Vorfall als von westlichen Geheimagenten angezettelten Aufstand gegen Regierung dar.
- Diesen gelang es aber nur wenige Unzufriedene zu finden, die Mehrheit der zufriedenen Arbeiter konnte diesen „Angriff" erfolgreich abwenden.
- **Bis 1953** dauerten sowjetische Demontagen und Reparationsforderungen an DDR an.
  → Wiederaufbau dadurch und durch fehlende Kredite erschwert.
- **12. Dezember 1953 Konferenz in Kairo.**
- 12 Staaten Afrikas und Asiens schließen sich zur *„Bewegung blockfreier Staaten"* zusammen.
- Gegen Hegemonialbestrebungen der Supermächte und Ausbeutung der Dritten Welt gewehrt.
  ▪ Die Beilegung des Korea Krieges überraschte einige Zeitgenossen und weckte erneut die Hoffnung auf eine baldige friedliche Zeit ohne irgendwelche Bedrohungen.[3]
  ▪ Führende Politwissenschaftler, Intellektuelle oder „Insider" befürchteten aber, dass der erhoffte Frieden noch auf sich warten lassen wird.
- **Bis 1954/55** DDR spielt **Sonderrolle** in sowjetischer Hegemonialpolitik.
- Stalins Ziele unter Historikern umstritten.
  ▪ Blockintegration vorgesehen, aber auch gesamtdeutsche Lösung offengehalten.
  → Mehrheit hält gesamtdeutsche Lösung Stalins für propagandistischen Schachzug.

---

2 Bildquelle:http://www.alvaradohistory.com/yahoo_site_admin/assets/docs/Chapter_26_and_27_cold_war_cartoons.
   9090806.pdf, S. 4, aufgerufen am 8. März 2016
3 Bildquelle:http://www.alvaradohistory.com/yahoo_site_admin/assets/docs/Chapter_26_and_27_cold_war_cartoons.
   9090806.pdf, S. 10, aufgerufen am 8. März 2016

- **25. März 1955** DDR erhält volle Souveränität.
- **14. Mai 1955 „Vertrag über Freundschaft, Zusammenarbeit und gegenseitigen Beistand"** (Warschauer Pakt) von UdSSR als Reaktion auf die NATO gegründet.
- Bestehend aus UdSSR, CSSR, Ungarn, Albanien, Rumänien, Polen und Bulgarien
  => Bildet den Abschluss der **Blockbildung in Europa**.
  - „**Eiserner Vorhang**" (Churchill) trennt beide Blöcke und verläuft mitten durch Deutschland.
- **Mai 1955 DDR ist Mitgründer der „Warschauer Pakt Organisation".**
- **1955 Aufnahme der BRD in NATO.**
- Gesamtdeutsche Lösung Stalins nicht mehr möglich.
  → Beginn der Ostintegration der DDR.
- **1955 Aufnahme der BRD in westeuropäische Union (WEU).**
- **1955 Pariser Verträge.**
- Westmächte gewähren BRD Status eines völlig souveränen Staates.
  → Abschluss der Westintegration.
- **1955** Produktion der Schwerindustrie in DDR übersteigt Vorkriegsniveau.
- **1955 Genfer Gipfeltreffen der Siegermächte.**
- Nach **1955** (Ende der Ost-/Westintegration) wird **„Zwei-Staaten - Theorie"** in DDR verkündet.
- **Mitte der 1950er** 1/3 der Frauen in BRD ist beschäftigt.
- **1950er „Ostermarsch-Bewegung"** vereint reformorientierte, liberale Kräfte gegen Wiederbewaffnung der Bundesrepublik.
  => Sammelbegriff **„Außerparlamentarische Opposition" (APO)** umfasst alle Protestbewegungen von Gruppen ohne Parteizugehörigkeit.
- **Mitte der 1950er** Positive Rahmenbedingungen des Wirtschaftsbooms schwinden.
- Arbeitskräftemangel, da Vollbeschäftigung.
  → Gewerkschaften verlangen nun höheren Anteil am Volkseinkommen.
- Steigende Löhne führen zu steigender Binnennachfrage, aber sinkenden Investitionen.
  - Infrastruktur vollständig ausgebaut, nun kein Bedarf an Arbeitern mehr.
- **18. Januar 1956 Nationale Volksarmee (NVA) aufgebaut.**
- **Frühjahr 1956** ökonomische, politische und militärische Ostintegration beendet.
- **1956 20. Parteitag der KPdSU.**
- Staatsideologie bleibt unverändert.
- Parteichef Chruschtschow prangert Politik Stalins an.
- Planwirtschaftliches System hat Industrialisierung vorangetrieben, konnte aber Bedürfnisse der Gesellschaft und Wirtschaft im Industrieland nicht mehr befriedigen.
  - System sollte flexibler und effektiver werden, jedoch fiel Produktivität im Vergleich zum Kapitalismus zurück.
- **1956 DDR tritt Warschauer Pakt bei.**
- **1956** Aufstände in Polen und Ungarn gewaltsam niedergeschlagen.
  → Westen greift nicht ein, um Politik des **Status quo** in Europa zu erhalten.
- **23. Februar 1957 „Gesetz zur Neuregelung des Rechts der Rentenversicherung" (Rentenreform).**
- „Kapitaldeckungsverfahren" zum „Umlageverfahren" gewandelt.
  - Im Zweiten Weltkrieg wurde aufgespartes Geld von Konten geplündert, darum zahlt nun arbeitende Generation laufende Beiträge für Rente, welche an Lohn- und Preisentwicklung gekoppelt ist.
  => Ausgleich des Bevölkerungswohlstandes angestrebt.
- **1957 Saarabstimmung.**
- Saarländer entscheiden sich demokratisch für die Zugehörigkeit an Deutschland und nicht an

Frankreich.

- **1957 EWG von BRD mit gegründet.**
- Europäische Wirtschaftsgemeinschaft zwischen Frankreich, Italien, BRD und Benelux.
  => BRD endgültig politisch, wirtschaftlich und militärisch in westlichen Block integriert.
- **1958 Verschärfung der Kollektivierung in DDR.**
- Entweder Zusammenschluss in „landwirtschaftlichen Produktionsgenossenschaften" (LPG) oder Verhaftung.
- **Dezember 1958 Kubanische Revolution.**
- Castro ist Sozialist und gegen imperiales Vorgehen Amerikas in Lateinamerika.
- **April 1960** Kuba nimmt Kontakt zur UdSSR auf.
- USA bereiten geheime Invasionspläne Kubas vor.[4]

  - Obwohl sich neues Kuba nicht in internationale Angelegenheiten einmischen möchte (oder gerade deswegen) nähert es sich der UdSSR an, damit der amerikanische Einfluss auf seinen traditionellen „Vorhof" eingeschränkt wird.
  - Für die UdSSR wurde Kuba zum Meilenstein und wichtigstem Propagandastück, da der Sozialismus erstmals außerhalb des eurasischen Kontinentes Fuß gefasst hatte.
    → Effektivität und Lukrativität des Sozialismus im Vergleich zum Kapitalismus gepriesen.
  - Die Insel Kuba stellte für Amerika eine ernste Bedrohung dar, da man einerseits den „Verlust" weiterer lateinamerikanischer Nationen fürchtete und andererseits die Nähe zu den USA als bedrohlich empfand.
    - Eine Stationierung von Atomraketen o.ä. könnte der amerikanischen Bevölkerung erheblichen Schaden zufügen.
- **15. April 1961 Operation Schweinebucht.**
- Von CIA ausgebildete Exilkubaner beginnen Invasion an kubanischen Stränden.
  => Operation scheitert nach 3 Tagen.
- **3.-4. Juni 1961** Kennedy und Chruschtschow treffen sich in Wien ohne eine Annäherung im Kalten Krieg zu erreichen.
- **4. Juni 1961 Berlin Memorandum.**
- Chruschtschow gibt Kennedy Berlin Memorandum um Berlin zu entmilitarisieren und zur neutralen Stadt zu machen.
- Forderung des Abschlusses eines Friedensvertrages.
  => Adenauer und Westmächte lehnen strikt ab.
- **3. - 5. August 1961 Konferenz der Regierungschefs des Warschauer Pakts.**
- Beraten in Moskau über "Maßnahmen zur Sicherung des Friedens"und geben Zustimmung zur Abriegelung der Fluchtwege nach West-Berlin.
- **25. Juli 1961 TV-Ansprache Kennedys.**
- Wiederholt drei Grundsätze westlicher Berlin-Politik.

  - 1. Präsenz alliierter Truppen in West-Berlin.
  - 2. Freier Zugang zur Stadt.
  - 3. Lebensfähigkeit von West-Berlin.

    → Eckpfeiler der Berlin Politik.
- Freigabe für Mauerbau, da alliierte Recht nur für Westberlin angesprochen und freien Zugang nicht essentiell gemacht hat.
- **Nacht zum 13. August 1961 Baubeginn der Berliner Mauer.**
- Alle Straßen mit Stacheldraht, Betonpfählen und provisorischem Mauerwerk abgesperrt, später wird Grenzanlage mit Wachtürmen aufgebaut.

---

4 Bildquelle:http://www.alvaradohistory.com/yahoo_site_admin/assets/docs/Chapter_26_and_27_cold_war_cartoons. 9090806.pdf, S. 8, aufgerufen am 8. März 2016

- Propagiert wurde Schutz vor Einreise ausländischer Feinde, aber eigentlich sollte Ausbluten des Staates verhindert werden.
- Offene Grenzen wegen Kaltem Krieg sowieso nicht zu halten gewesen.
- => Teil der Politik des Status quo.
  - Nur so konnte die DDR ungehindert eigene Politik fortsetzen.
  - => Ende des Versuches Sozialismus in DDR mit offenen Grenzen und freier Konkurrenz zu etablieren.
- Reaktion auf Kennedys TV-Ansprache.
  - → Zäsur in „Ära Ulbricht".
- Nach dem Bau versiegt Zufluss von DDR Arbeitskräften nach BRD, Ausgleich durch Gastarbeiter.
- Zementierung der deutschen Teilung und Schwächen der Politik Adenauers deutlich geworden.
- Adenauers Wahlkampf gegen Berlinbürgermeister Brandt (SPD) schadete seinem Ansehen.
  - Brandt protestierte stärker gegen Mauerbau.
- **„Antifaschistischer Schutzwall" oder „Schandmauer"? (M5)**
- **13. August 1961** *„Berliner Morgenpost"* meldet Flucht von 2662 Menschen von DDR nach BRD innerhalb von 24 Stunden.
  - *„Neues Deutschland"* kündigt Grenzkontrollen an Westsektorengrenze ähnlich denen in anderen Staaten an.
- Honecker (Sekretär des ZK und Mitglied des Politbüros) lässt 45km lange Grenze zwischen Ost- und Westberlin von NVA und Volkspolizei in Nacht mit Stacheldraht abriegeln.
  - Bald durch Betonmauer und Grenzsicherungssystem ersetzt.
  - → Keine Möglichkeit mehr nach Westen zu gelangen, früher noch mit S-Bahn oder U-Bahn.
  - => Familien plötzlich und dauerhaft voneinander getrennt.
- Flucht über Grenze wurde lebensgefährlich.
  - Geheimer Schussbefehl, Selbstschussanlagen etc.
  - => Mindestens 136 Tote durch Fluchtversuch.
- **Vor 1961** SED hatte andere Pläne für Flüchtlingsstopp entwickelt, jedoch fehlte Zustimmung der UdSSR.
- **15. Juli 1961** Pressekonferenz Ulbrichts über Bildung einer „freien Stadt Berlin".
  - Spricht davon, dass Westdeutsche Mauer wollen, aber Ostdeutsche zu sehr mit Wohnungsbau beschäftigt seien.
  - Bekräftigt, dass es keine Absichten gibt Mauer zu bauen.
- **Anfang August 1961 Konferenz der Parteichefs des Warschauer Paktes.**
  - Stimmt Mauerbau zu.
  - Mauerbau als „Rettungsmaßnahme" propagiert.
  - BRD wurde Menschenhandel, Abwerbung, Kinderraub, Agententätigkeit, Währungsschieberei und wirtschaftliche Zersetzungstätigkeit vorgeworfen.
  - => SED wollte Ausbluten des Landes verhindern.
  - → 1949 – 1961 über 2,7 Millionen Ostdeutsche in Westen geflohen (Intellektuelle (Lehrer, Ärzte), Jugendliche).
- Berliner Notaufnahmelager fragte nach Gründen für Flucht.
  - Politische Gründe, Berufs- und Studienwünsche verweigert worden, Wunsch nach besserem und freiheitlicherem Leben.
- **September 1959** Flüchtlingswelle steigt.
- Wegen Versorgungskrise, Zwangskollektivierung und sowjetischem Ultimatum in Berlinkrise.
- **Juni 1961 Berlin Memorandum.**
  - UdSSR droht mit Friedensvertrag für DDR und Gewährung von Souveränitätsrechten auf

Zufahrtswege.

→ Westberlin solle von Ostberlin getrennt werden.

- USA fand keine Möglichkeit sowjetischen Machtbereich zu kontrollieren, darum fand militärische Konfrontation in Dritter Welt statt.
- **1961 – 1973 Vietnam Krieg.**
- Nach Zusammenbruch der französischen Kolonialherrschaft droht Nordvietnam und kommunistische Partisanenbewegung Vietkong im Süden die Oberhand zu gewinnen.
- **„Domino Theorie"** von Amerika verfolgt.
  - Wenn Vietnam fällt, fallen weitere südostasiatische Staaten dem Kommunismus anheim.
- Chemiewaffen und Napalmbomben wegen Guerillataktiken führen zu internationalem Protest.[5]
- Hohe Verluste innerhalb der amerikanischen Bevölkerung und Dauer des Krieges (ohne einschneidende Erfolge) führten zum Verlust des amerikanischen Unaufhaltsamkeitsglaubens.
- Krieg wegen Einsicht, dass Guerillakrieg nicht zu gewinnen sei, beendet.
- **14. - 28. Oktober 1962 Kuba Krise.**
- Zeigt, dass fehlende Kommunikation verheerende Folgen haben könnte.
  - → Erstes Beispiel für **erfolgreiche Deeskalationspolitik.**
- **14. Oktober 1962** Aufklärungsflugzeug entdeckt Abschussrampen für Atomraketen in Kuba.
- **16. Oktober 1962** Kennedy bildet das Exekutivkomitee (ExKomm) des nationalen Sicherheitsrates zur Beratung möglicher Maßnahmen.
- **18. Oktober 1962** Sowjetischer Außenminister Gromyko zu Besuch bei Kennedy.
- **19. - 20. Oktober 1962** Entscheidende Sitzungen der Exkomm.
- **20. Oktober 1962** Amerikanische Flotte in Florida konzentriert.
- **22. Oktober 1962 Kennedys Fernsehansprache (258/M4).**
- Beweise zeigen, dass offene sowjetische Raketenbasen auf unterjochter Insel Kuba entstehen.
- Zweck wird ein Angriff auf die USA sein.
- Überwachung intensiviert worden und Entscheidung für zukünftiges Vorgehen getroffen.
- Umwandlung Kubas in strategisches Stützpunkt durch offensive Waffen bedroht Frieden und Sicherheit der USA.
- Nicht mehr Raketenabschuss sondern Umstationierung oder größere Verstärkung stellt wegen Geschwindigkeit eine Bedrohung dar.
- Atomwaffen von USA nie geheim umstationiert worden.

=> Sowjetunion strebt danach Länder zu erobern, beherrschen oder anderen Staaten System aufzuzwingen.

- Geheime, schnelle Mobilisierung von Raketen außerhalb der UdSSR ist provokante und ungerechtfertigte Veränderung des Status quo.
  - → USA kann dies nicht hinnehmen, wenn eigene Versprechen noch Ernst genommen werden sollen.
- USA will keinen überfrühten oder unnötigen Kernwaffenkrieg riskieren, da ein Sieg unmöglich ist, schreckt jedoch nicht davor zurück.
- Zur Verteidigung der USA und der westlichen Welt hat Kennedy angeordnet folgende Schritte einzuleiten.
  - 1. Quarantäne über Kuba verhängt, welche jedes Schiff mit Waffenlieferungen zurückschicken wird.
    - → Um offensiven Ausbau Kubas zu verhindern.

---

5 Bildquelle: http://www.independent.co.uk/news/world/americas/us-veteran-reunited-with-long-lost-girlfriend-in-vietnam-after-45-years-a6814541.html aufgerufen am 8. März 2016

- 2. Überwachung des Aufbau Kubas intensiviert.
- 3. Jede kubanische Rakete, welche auf einen westlichen Staat gestartet wird, wird als Angriff der UdSSR auf USA gewertet und entsprechend vergolten.
- 4. Zusätzliche Soldaten in Alarmbereitschaft versetzt.
- 7. Appell an Chruschtschow diese heimliche, rücksichtslose Bedrohung des Weltfriedens zu beenden.
- USA ist ein friedliebendes Volk und möchte mit UdSSR verhandeln.
    → Würde selbst unabhängiges Kuba akzeptieren.
- USA begegnet sowjetischen Bedrohungen entschlossen, da sich Probleme nicht in Atmosphäre der Einschüchterung lösen lassen.
- Feindseelige Handlungen gegen Sicherheit und Frieden von Völkern, welche USA verpflichtet sind, wird mit notwendigen Aktionen beantwortet werden.
- Amerikaner haben bisher immer den hohen Preis der Freiheit bezahlt, auch wenn dieser Weg nun viele Gefahren beinhaltet.
- USA wird nicht kapitulieren oder sich unterwerfen.
- USA will keinen Sieg der Macht, sondern Verteidigung des Rechts.
- Nicht Frieden um Preis der Freiheit, sondern Frieden und Freiheit.
    => Wenn Gott will, wird dieses Ziel erreicht werden.

Strategie	Ideologie	Interessen
Überwachung, stille Beobachtung. Abschreckung, da Gewalt notfalls angewendet. Verhandlungen angeboten.	Amerika als Weltpolizei. Unterstellung der UdSSR feindseliger Bestrebungen. Transparenz zum Volk. Berufung auf Gott.	Abrüstung Kubas. Ende des Kalten Krieges, Weltfrieden. Gewicht amerikanischer Versprechen beibehalten.

- **24. Oktober 1962** „Quarantäne" (500 Seemeilen um Kuba herum) ausgerufen.
- **25. Oktober 1962** Hohe Alarmbereitschaft der amerikanischen Truppen als Tanker „*Bukarest*" gestoppt wurde.
- **26. Oktober 1962** Tanker „*Macula*" wird von US-Armee inspiziert.
- **26. Oktober 1962** Zugeständnis Chruschtschows, Raketenbasen abzubauen, wenn Kennedy Kuba nicht erobern lässt.
- **27. Oktober 1962 Brief Chruschtschow's an Kennedy (260/M5a).**
- Ist erfreut zu hören, dass sowjetische Schiffe nicht mehr in Berührung mit amerikanischen Schiffen kommen sollen, sodass verhängnisvolle Folgen vermieden werden können.
    → Dies bestätigt Meinung, dass Kennedy für Frieden einsteht.
- Kann es nachvollziehen, dass USA Sicherheit des Landes gewährleisten möchte, das will aber jedes Land.
    - Deshalb entsetzt, dass USA UdSSR mit Militärstützpunkten in Italien, England und Türkei eingekreist hat.
- Denkt, dass man Konflikt schnell beenden könnte, damit Staatsoberhäupter als verantwortungsvoll und vernünftig eingeschätzt werden.
- Wenn USA Raketen aus Türkei entfernt, wird UdSSR Waffen aus Kuba entfernen, welche USA als offensiv einstuft.
    => Möchte einen Vertrag abschließen, damit dies geregelt abläuft.
- Vertrag soll bald geschlossen werden, spätestens in einem Monat.
- **27. Oktober 1962 Antwort Kennedy's auf Brief von Chruschtschow vom 26. Oktober 1962**

(260/M5b).
- Begrüßt Wunsch nach Lösung und entnimmt folgende Kernaussagen:
  1. Waffen aus Kuba unter amerikanischer Überwachung entfernen und garantieren keine neue einzuführen.
  2. Wenn Vorkehrungen durch UN getroffen worden sind, ist USA bereit:
     (a) Quarantänemaßnahmen zu beenden.
     (b) Von Invasion Kubas abzulassen.
  => Andere Nationen werden es USA gleichtun.
- Wenn UdSSR ähnliche Anweisungen geben, kann Übereinkunft in zwei Tagen veröffentlicht werden.
- Dann wären beide Seite in der Lage Abmachungen bezüglich anderer Rüstung zu treffen.
- USA ist an Ende des Wettrüstens und der Spannungen interessiert, darum auf Vorschlag der Diskussion eingegangen.
- Vorbereitung dafür ist Stopp des Raketenbasenbaus und Einsatzfähigmachen der Raketen unter internationalen Garantien.
- Herauszögern einer Diskussion über Kuba Krise würde diese nur Verschärfen und Weltfrieden gefährden.

  - Das gegenseitige Misstrauen und die Bedrohungen verstärkten sich wegen der Nähe Kubas zu Amerika immer weiter.[6]
  - Weil sich die Sowjetunion von den Atomraketen in der Bundesrepublik Deutschland und der Türkei fürchtete, wurden Atomraketen auf Kuba stationiert.
    - Diese wiederum verunsicherten und bedrohten die USA, welche mit verstärkten Rüstungsanstrengungen reagierte.
    => Spirale des gegenseitigen Misstrauens und der Aufrüstung kann nur durch Vertrauen und Zugeständnisse beendet werden.
- **27. Oktober 1962** Amerikanisches Aufklärungsflugzeug abgeschossen worden.
- Justizminister R. Kennedy verlangt Abzug der Raketen aus Kuba und stellt geheime Info über Abzug der Raketen aus Türkei in Aussicht.
- Amerikanisches Flugzeug dringt versehentlich in sowjetischen Luftraum ein, kann aber rechtzeitig (bevor sowjetische Abfänger ihn erreichen) umdrehen.
- Chruschtschow gibt letztlich nach und zieht die Atomraketen aus Kuba ab, später werden die Raketen der USA aus der Türkei verlegt.
- **28. Oktober 1962 Brief Chruschtschow's an Kennedy (261/M5).**
- Besitzt gleichen Sinn für Aufrechterhaltung des Weltfriedens wie Kennedy.
- Kann Angst Amerikas vor kubanischen Waffen, die als Angriffswaffen bezeichnet werden, nachvollziehen.
- Um friedengefährdenden Konflikt schneller zu beenden, was sowjetisches und amerikanisches Volk gleichermaßen fordert, hat UdSSR zusätzlich angeordnet Arbeiten an Stationierung von Waffen einzustellen und Rüstung zu demontieren.
- Wenn es gelingt diese gespannte Situation zu überwinden, muss Ausbruch künftiger Konflikte verhindert werden.
- **Historiker Bernd Greiner über die Kuba Krise (363/M7).**
- Nach Ende der Kuba Krise entbrach die Diskussion, ob diese wirklich so gefährlich gewesen sei.
- Anhänger und Befürworter Kennedys behaupten, dass Beratungen des Oktobers brillant

---

6 Bildquelle:http://www.alvaradohistory.com/yahoo_site_admin/assets/docs/Chapter_26_and_27_cold_war_cartoons.
   9090806.pdf, S. 9, aufgerufen am 8. März 2016

kontrolliert und geeichte Kombination aus Härte, Zurückhaltung, Willenskraft, Weisheit und Nervenstärke gewesen seien.

- Tonbandaufnahmen zeigen, dass Politik Kennedys nicht risikoarm oder kontrolliert war.
- Propagandiertes, „rationales Krisenmanagement" wird kritisierbar.
- Am 27. Oktober war die Geduld der ExKomm erschöpft und amerikanische Herrschaftsinteressen wurden dem Frieden übergeordnet.
- Abschuss eines amerikanischen Flugzeuges spitzte die Lage derart zu, dass am 27. Oktober das Kriegsrisiko erschreckend hoch war.
  => Doch wegen vier Momenten gab es keinen Atomkrieg.
- 1. Kette von Zufällen vermied die Eskalation.
- Zum Auftauchen gezwungenes sowjetisches U-Boot wurde lediglich beschädigt, nicht versenkt.
- 22. - 27. Oktober: Mängel in militärischer und politischer Kommunikationsstruktur entdeckt und behoben worden.
- Rechtzeitiger Abbruch der Kubablockade führte zu keinem Zusammenstoß mit sowjetischen Schiffen.
- 2. Sowjets verhielten sich so, wie sie von den USA spekulativ eingeschätzt wurden.
- 3. Chruschtschow erkannte erst, dass er einen politischen Handlungsspielraum hat, als er in die Enge getrieben wurde.
- 4. Beide Seiten hatten genügend Zeit Entscheidungen und Beschlüsse zu differenzieren und zu überarbeiten.
- Wenn man anstelle von 13 Tagen nur zwei gehabt hätte, wäre womöglich ein Krieg ausgebrochen.
  - Nur wegen diesen 13 Tagen konnte Chruschtschow in letzter Sekunde eingreifen.
- Der Oktober 1962 ist ein Beispiel für die Entstehung von Kriegen, da man bewusst an den Rand eines atomaren Abgrundes gegangen war.
- Amerika war nicht willens einzulenken, UdSSR kam erst nach langer Zeit darauf.
- Chruschtschows Brief am 27. Oktober, nach der Ablehnung informeller Angebote, hätte eine politische Eskalation herbeiführen können.
  - Ohne die amerikanische Reaktion abschätzen zu können, ließ er es auf einen Versuch ankommen.
  => Wahrscheinlich war sich die Sowjetunion erst im Nachhinein über die möglichen Risiken im Klaren geworden.
- **Interview zwischen Historiker Greiner und dem Chefredakteur der Zeitschrift „America Latina", Sergo Mikojan (261/M6).**
  - *Sergo Mikojan ist Sohn eines engen Vertrauten Chruschtschows.*
  - *Politik der UdSSR während der Kuba Krise soll nun debattiert werden.*
  - *Zeitzeugen berichten zwar von eigenen Erinnerungen, sind aber vom eigenem Standpunkt beeinflusst.*
- *Sie wollten die DDR mit Atomwaffen aufrüsten, hing dies mit der Kuba-Politik zusammen?*
- Die UdSSR hatte Angst, dass die USA Adenauer die angestrebten Atomwaffen aushändigt.
  → Dies hätte die strategische Situation Europas massiv geändert.
  => Vor diesem Hintergrund wurden die Lieferungen von Waffen an Kuba diskutiert und entschieden.
- *Wann wurde die Idee von wem entschieden?*
- Chruschtschow redete Ende April 1962 mit Sergos Vater darüber, Anfang Mai in kleineren Gruppen diskutiert.
  → Strikte Geheimhaltung geboten.

- *Hat die Sowjetunion befürchtet, dass Amerika durch eine atomare Überlegenheit einen Erstschlag wagen wird?*
- Die Überlegenheit 17:1 sollte nur einen psychologischen Effekt herbeiführen.
- Nach dem Zweiten Weltkrieg rechnete die UdSSR zwar nicht mit einem Atomangriff seitens der USA, traute es ihnen aber zu.
- *Wie hätte die Sowjetunion auf einen amerikanischen Angriff auf Kuba reagiert?*
- Bei einem Angriff auf Kuba wäre ein militärisches Eingreifen unvermeidbar gewesen.
- Genauere Angriffsziele nicht erwähnt worden, Berlin oder die Raketenbasen in der Türkei wurden aber erwägt.
- *Die CIA berichtete täglich, dass die Sowjets nicht mobilisieren, wie könnte man unter einer solchen Beobachtung stehend einen Angriff planen?*
- Die Mobilmachung verlief geheim.
- Die Truppen des Warschauer Paktes wurden während der Kuba Krise in Alarmbereitschaft versetzt.
  - U-Boote wurden in alle Weltmeere entsandt und Raketen einsatzfähig / -bereit gemacht.
  - → Raketen sollten Erstschlag der Amerikaner verhindern / vergelten.
- Aber Chruschtschow war nur darauf bedacht einen Krieg verhindern zu können.
- *Chruschtschow sendete zwei Briefe an einem Tag los, im ersten forderte er eine Garantie gegen eine Invasion Kubas, wenn die sowjetischen Raketen abgezogen werden, im zweiten forderte er sogar den Abzug amerikanischer Raketen aus der Türkei. Wie kam es dazu?*
- Den ersten Brief hat Chruschtschow allein diktiert und mit niemanden besprochen.
- Der zweite Brief wurde von anderen Machthabern verfasst, welche das Ansehen der Sowjetunion nicht durch ein solch großes Zugeständnis beschmutzt sehen wollten.
- *Was war Kennedys Absicht und Botschaft?*
- Kennedy stellte ein Ultimatum: Wenn die Raketen abgezogen werden garantiert er keine Invasion Kubas, falls sie nicht abgezogen werden, werde Amerika diese unschädlich machen.
  - → Verhüllte Drohung von Luftangriffen.
- Wenn es Luftangriffe gäbe, würden sowjetische Soldaten zur Bewachung entsandt werden.
  - Sollte diesen etwas passieren, wäre die Reaktion darauf ein Atomkrieg gewesen.
    => Nur um einen Atomkrieg zu verhindern gab Chruschtschow dem Ultimatum nach.
- *Wurden irgendwelche Konsequenzen oder Lehren aus der Kuba Krise gezogen?*
- Nach der Kuba Krise hätte eine Entspannungspolitik entstehen können, gegenseitiger Respekt war aufgebaut worden.
- Doch nach dem Regierungswechsel wurde viel Zeit mit der Wettrüstung vergeudet.
- **1962 – 1968 3. Phase des Kalten Krieges: Politik des Status quo.**
- Nach Kubakrise wurde Status quo in Europa anerkannt.
- Erste Versuche um Atomabrüstung zu begrenzen und kontrollieren.
- **Juni 1963 „heißer Draht" eingerichtet.**
- Direkte Telefonleitung zwischen USA und UdSSR um Konflikte zu bewältigen.
- **5. August 1963 Nuklearteststoppabkommen unterzeichnet.**
- USA, UK und UdSSR beenden Atomtests im Weltall, unterm Wasser und über Erde.
  => Konflikt sollte kontrolliert, nicht überwunden werden.
  - Hochrüstung und militärische Modernisierung beibehalten.
- **1964 – 1982 Amtszeit Breschnews als 1. Sekretär der KPdSU.**
- **„Breschnew Doktrin":** UdSSR greift im Falle einer Gefährdung des Sozialismus im „Bruderstaat" ein.
- **1968 „Prager Frühling" (Reformsozialismus in CSSR).**
- Reformorientierte Kräfte erstarken in CSSR, UdSSR besetzt Land, setzt moskautreue

Regierung ein.
- **1968 – 1977 4. Phase des Kalten Krieges: Politik der Entspannung.**
- Entspannung wegen hohen Rüstungskosten, neuer militärisch-strategischen Lage und Verlangen nach Sicherheit vor Atombomben.
- Konzept der **„friedlichen Koexistenz"** von UdSSR um Aufrüstung zu begrenzen, Kommunikation zu verbessern und Weltfrieden zu sichern.

  => Trotzdem versucht **„Gleichgewicht des Schreckens"** aufrechtzuerhalten.
- **August 1975 KSZE** (Schlussakte der Konferenz über Sicherheit und Zusammenarbeit in Europa).

> **Meilensteine!**
> **„Friedens"-Gespräche.**
> **1968** Atomwaffen-sperrvertrag.
> **1972** SALT I – Vertrag.
> **1973 – 1989** MBFR

- Katalog von Menschen- und Grundrechten, Status quo in Europa anerkannt.
- Erhaltung des Status quo für UdSSR besonders wichtig, da Ostblockstaaten und DDR somit sicher eingegliedert sind.
- **1977 – 1985 5. Phase des Kalten Krieges: „Second Cold War".**
- UdSSR stationiert neue Atomraketen mit größerer Reichweite in Osteuropa.
- **1979 Doppelbeschluss** als Reaktion auf Stationierung der sowjetischen Raketen.
- Abzug der Raketen verlangt, sonst werden Raketen in Westeuropa aufgestellt.
- **Dezember 1979 Einmarsch UdSSR in Afghanistan.**
- Sowjetische Unterstützung der sozialistischen Regierung gegen muslimisch-fundamentalistische Rebellen, welche indirekt von USA unterstützt werden.

> **Kontrovers!**
> **Historische Bedeutung von Ronald Reagan.**
> Gefährliche **Rücksichts-losigkeit** seiner Politik hätte Situation verschärft. Konsequente Haltung und Hochrüstung hätte **Reform-prozess** in UdSSR gefördert.

- UdSSR gab Kampf wegen Guerillakrieg auf.
- **1981 Kriegsrecht in Polen.**
- UdSSR unterstützt polnische, Reformbewegung „Solidarnosc" unterdrückende Regierung.
- **1981 – 1989 Amtszeit von Ronald Reagan.**
- Nannte UdSSR *„Reich des Bösen"*, wollte im Weltraum aufrüsten um strategisches Gleichgewicht der Supermächte für USA auszubauen.
- **1981** Handelssanktionen gegenüber UdSSR.
- **1985 – 1989 6. Phase des Kalten Krieges: Ende des Konfliktes.**
- **1985 - 1991 Gorbatschow ist 1. Sekretär der KPdSU.**
- „Breschnew Doktrin" wird entkräftet, verbündeten Staaten Recht auf eigenständige Entwicklung gegeben.
- **Reformpolitik Gorbatschows Politik des „Neuen Denkens".**
- Nur innenpolitische Reformen können innere Stabilität und äußere Macht vor volkswirtschaftlichen Problemen und außenpolitischen Druck schützen.
  - **Perestroika** (Umbau) zielt auf Entbürokratisierung und Dezentralisierung der Planwirtschaft; um marktwirtschaftliche Elemente zur Steigerung der Produktivität erweitert.
    → Wirtschaftliche Modernisierung der UdSSR.
  - **Glasnost** (Transparenz) legt wirtschaftliche, politische und gesellschaftliche Entscheidungen offen.
    - Förderung der Leistungsbereitschaft und -fähigkeit der Bürger erhofft.
    → Gesellschaftliche Modernisierung der UdSSR.
  - **=> Keine Auflösung des Systems, sondern Stärkung ersehnt.**

- **1988 Gipfeltreffen in Moskau.**
- Sowjetischer Rückzug aus Afghanistan, Waffenstillstand für Iran ↔ Irak und Angola ↔ Namibia sowie überwachter Abbau von Atomraketen aus Europa.
- **1989** Gorbatschow vollzieht grundlegenden Systemwechsel und nimmt Ost-West – Konflikt die Systemkonkurrenz.
- **19./21. November 1990 NATO, Warschauer Pakt und KSZE <u>beenden Kalten Krieg</u>.**
- *Ursachen des Kalten Krieges* konnten von Historikern nicht beantwortet werden.
- **Position der Realisten:** Expansionsstreben der UdSSR.
- UdSSR wollte Weltrevolution mit machtpolitischen Mitteln durchsetzen *(George F. Kennan 1947)*.
   → Spät bemerkte Taktik aber durch Marshallplan, Truman Doktrin und Gründung der Bundesrepublik gestoppt.
- UdSSR reagiert mit Abschottung, Stärkung des Einflusses in eigenem Machtbereich und Maßnahmen um Westen zu destabilisieren.
- **Position der Revisionisten:** ökonomische Dynamik der USA.
   In den 1960ern / 1970ern aufgekommen, durch westliche Geschichtswissenschaft entwickelt.
- Freihandel als Vorwand genommen um weltweite Vorherrschaft wegen Suche nach Rohstoffquellen und Absatzmärkten zu erreichen.
   → UdSSR fühlt sich dadurch bedroht.
- Truman Doktrin und Marshallplan von Herrschaftsbestrebungen beeinflusst.
- UdSSR war wegen finanzieller Lage nicht fähig Weltrevolution zu starten.
- **Neuer Ansatz: Wechselseitige Fehlinterpretationen.**
- *Nach 1990 entwickelt*; besagt, dass gegenseitige Fehlinterpretationen zu außenpolitischer Abschottung und innenpolitischer Uniformierung führten.
- Unbestritten ist, dass Machtpolitik in UdSSR und ökonomische Interessen in USA zur Tradition gehören und Handlungen (indirekt) beeinflussen.
- Wahrnehmungs- und Kommunikationsmechanismen waren mangelhaft, verschärften Konflikt irrational.
   => Reformpolitik vom Gorbatschow führt zu Systemwechsel und <u>Selbstauflösung der Sowjetunion.</u>
   =>Russland und Nachfolgestaaten müssen Erfahrungen der Diktatur, Zwangskollektivierung und forcierten Industrie verarbeiten.